AF224174

LE
QUADRUPLE PLÉBISCITE

PAR

UN CONSERVATEUR INDÉPENDANT.

<table>
<tr><td colspan="2" align="center">BULLETIN DE VOTE</td></tr>
<tr><td>EMPIRE..................</td><td></td></tr>
<tr><td>LÉGITIMITÉ.............</td><td></td></tr>
<tr><td>ORLÉANISME............</td><td></td></tr>
<tr><td>RÉPUBLIQUE............</td><td></td></tr>
</table>

Chaque électeur devra mettre dans une seule des quatre cases un Oui ou une Croix.

Tout bulletin, pour lequel cette condition n'aura pas été remplie, sera annulé.

Prix : 60 Centimes.

PARIS

BIBLIOTHÈQUE NAPOLÉONIENNE

HENRI GUÉRARD, LIBRAIRE-ÉDITEUR

156, RUE DE RIVOLI, 156

1877

LE
QUADRUPLE PLÉBISCITE

PAR

UN CONSERVATEUR INDÉPENDANT

BULLETIN DE VOTE

EMPIRE.......................	
LÉGITIMITÉ.............	
ORLÉANISME............	
RÉPUBLIQUE............	

Chaque électeur devra mettre dans une seule des quatre cases un Oui ou une Croix.

Tout bulletin, pour lequel cette condition n'aura pas été remplie, sera annulé.

Prix : 60 Centimes.

PARIS

BIBLIOTHÈQUE NAPOLÉONIENNE

HENRI GUÉRARD, LIBRAIRE-ÉDITEUR

156, RUE DE RIVOLI, 156

1877

PARIS

IMPRIMERIE DE E. BRIÈRE

257, Rue Saint-Honoré, 257.

INTRODUCTION

Au lendemain de nos désastres, à la suite des convulsions du 4 Septembre et après les forfaits de la Commune, nous pensions qu'on allait enfin recourir à une polique grande, large et patriotique pour relever la France, non point seulement aux yeux de l'Europe, mais vis-à-vis d'elle-même.

Il fallait une résurrection entière, complète. L'immensité de nos malheurs, qui provenaient en grande partie d'une tactique de l'opposition de 1866 à 1870, nous commandait un suprême sacrifice de regrets et d'espérances, d'amour-propres et de rancunes. Il fallait tailler dans le vif, anéantir l'esprit de parti qui, depuis quatre-vingts ans, nous consumait en nous divisant, il fallait tracer d'une main ferme une ligne clairement définie qui eût établi la démarcation entre ce que nous avions été et ce que nous devions être.

C'était notre seul moyen de salut — la suite l'a bien prouvé, — mais personne ne s'est trouvé là pour nous sauver de nos dissensions.

On se jeta dans le parlementarisme. Le parlementarisme nous donna M. Thiers, dont le génie était la négation de la politique qui nous est essentielle. M. Thiers nous débarrassa des Allemands, grâce aux épargnes accumulées sous l'Empire, il foudroya dans les rues l'épouvantable révolution qu'il avait provoquée, mais il ne sut pas nous préserver du radicalisme dans la Chambre et dans le pays ; le parlementarisme nous donna ensuite, à une voix de majorité, une Constitution républicaine révisable, et le seul service qu'il nous rendit fut de mettre le pays pendant sept ans sous la sauvegarde d'un homme de guerre illustre, honnête et ouvertemement conservateur,

Nous n'admirons pas le Septennat, parce que les traits d'union ne sont pas des conclusions, parce que les parenthèses ne sont pas des solutions, parce que c'est encore un accommodement inventé par le parlementarisme ; mais nous admirons personnellement cet homme loyal qui se trouve aujourd'hui face à face avec le radicalisme, ce même radicalisme dont les progrès doivent malheureusement être attribués au parlementarisme tel que le pratiquait M. Thiers et qu'on s'efforce aujourd'hui d'écraser au moyen de nouvelles élections parlementaires.

C'est vouloir guérir le mal par le mal, mais cette homœopathie politique est un remède douteux, car le parlementarisme est insuffisant et dangereux dans un pays où quatre formes gouvernementales se trouvent en présence, où déjà elles ont légalement et pendant de longues périodes régi les destinées du peuple, et où par conséquent il y a quatre prétendants au pouvoir, ayant chacun une tradition bonne ou mauvaise ; mais enfin une tradition, et qui tous ont été illégalement, violemment renversés. On cite toujours l'exemple de l'Angleterre, mais il n'y a qu'une seule dynastie en Grande-Bretagne, la forme gouvernementale n'est jamais mise en question, et s'il y a quelques radicaux, ils sont si peu nombreux qu'ils disparaissent dans cette foule unanime sur le point essentiel : la Royauté.

Donnez-nous une forme gouvernementale aussi indiscutable, et par conséquent aussi forte, et le parlementarisme devient non plus une menace, mais un pouvoir pondérateur qui soutient un principe contre la réaction et contre la révolution, mais il faut un principe. En Angleterre, ce principe s'appelle la royauté constitutionnelle et on l'applique dans toute son intégrité. En France, le principe s'appelle le droit nouveau, la démocratie, c'est-à-dire le plébiscite, mais après l'avoir insuffisamment appliqué antérieurement à 1870, on en est arrivé à ne plus l'appliquer du tout.

La France n'est pas parlementaire, elle est plébiscitaire, et tant que vous ne procéderez qu'à des élections en dehors du plébiscite, la France fera la sourde oreille. Elle veut un principe qui lui assure la stabilité, et tant que vous ne l'aurez pas consultée directement sur le choix de ce principe, vous travaillerez uniquement au profit des radicaux, qui n'ont rien à perdre et tout à gagner au milieu des agitations.

Un principe non pas théorique, mais pratique, voilà l'urgent besoin de la France; et jusqu'à ce que ce principe ait été nettement établi, toute assemblée parlementaire en France sera fatalement condamnée à tomber dans le radicalisme.

Ce n'est pas la fibre parlementaire qu'il faut faire vibrer, mais c'est la fibre nationale. Le Maréchal de Mac-Mahon est, certes, assez fort pour lutter encore trois ans contre l'ennemi commun, mais au prix de quelle patience, sinon de quelles répressions? Maintenant que le pays n'a plus qu'à choisir entre lui et M. Gambetta, il semblerait que tous les hommes modérés doivent se ranger autour de cette épée conservatrice, mais les conservateurs sont divisés, les radicaux, au contraire, obéissent à une discipline rigoureuse. Quel que soit le résultat de la lutte, il est bien évident qu'on nous inflige des crises dont les plébiscitaires, s'ils étaient logiques, devraient se désintéresser ; nous ne disons pas que l'acte du 16 mai ne soit point parfaitement légal, mais, enfin, cela ne les regarde pas : *hic non locus est ;* en effet, cela ne résout pas le problème. En 1880, que ferons-nous, de quelle manière réviserat-on la Constitution? Pourquoi le gouvernement du Maréchal ne proclame-t-il pas, dès à présent, qu'à cette échéance il remettra les destinées de la France à la France elle-même?

C'est à ces points d'interrogation que le parlementarisme nous fait échouer. Or, une grande nation comme la France, ne peut cependant pas traîner son existence de point d'interrogation en point d'interrogation.

Si on veut qu'elle vive, il faut le plus promptement possible lui poser le seul point d'interrogation qu'il lui est indispensable de résoudre, celui qui, parti d'un principe—la démocratie,—doit être résolu par l'appel à la nation directement consultée sur le choix de l'une des formes gouvernementales qui ont été reconnues en France.

Ce que nous demandions après la Commune nous le réclamons aujourd'hui avec d'autant plus d'énergie que l'expérience de ces six dernières années, les élections à la Barodet, les ministères à la Jules Simon, nous démontrent jusqu'à la dernière évidence l'impossibilité de nous perpétuer dans des crises parlementaires. Nous avons pensé être utiles à nos concitoyens en reproduisant les quelques lignes que nous avions publiées en 1872, et qui, adressées par un Conservateur indépendant aux hommes de tous les partis, n'ont été inspirées que par un ardent patriotisme à l'heure des grands périls.

Un Conservateur indépendant.

LE QUADRUPLE PLÉBISCITE

Nous avons déjà eu l'occasion d'affirmer notre programme politique ; nous avons dit ailleurs que, depuis quatre-vingts ans, les révolutions qui se sont succédé ont abouti à des crises perpétuelles qui, après avoir renversé des institutions existantes, inauguraient des systèmes d'une durée plus ou moins longue, mais des systèmes, et rien que des systèmes, sans fermer l'ère des escamotages et des coups de main.

Ce que nous voulons démonter aujourd'hui, c'est que notre seul moyen de salut est de recourir à la source même du droit nouveau, c'est-à-dire à un appel au peuple sur les quatre questions suivantes :

EMPIRE,

LÉGITIMITÉ,

ORLÉANISME,

RÉPUBLIQUE.

Vivement attaquée par une certaine partie de la presse, la forme plébiscitaire n'a jamais été clairement définie. Le public ne s'est pas rendu compte — parce qu'on le lui a mal ou insuffisamment expliqué — que si le descendant de la maison de Bourbon, de cette dynastie qui a fait la carte de la France, voulait consentir à incliner le droit ancien devant le droit nouveau, il aurait les sympathies de la grande majorité des Français, mais que, par suite d'une déplorable tenacité à se renfermer dans des traditions vermoulues, la Légitimité est impossible en France. A défaut de la Légitimité, il y a l'Orléanisme, qui est la négation de tout ce qui rend une nation grande et généreuse, puis il y a la République, dont nous faisons la troisième expérience, et enfin il y a l'Empire, terrain neutre où la démocratie a pris racine sans porter préjudice à l'aristocratie, à la bourgeoisie et au clergé.

L'Empire n'aurait-il d'autre mérite que celui de représenter et de sauvegarder à la fois les intérêts de ces quatre grandes divisions de la société française que, suivant nous, il a, par cela même, plus de raison d'être que la *Légitimité de droit divin* ne s'appuyant que sur la noblesse et le clergé, l'*Orléanisme* ne représentant que la bourgeoisie, et la *République* ne représentant que des utopies, généreuses dans quelques cas, mais inapplicables, au moins pour le moment, et tombant fatalement dans le socialisme et la Commune.

Telle est notre opinion sincèrement exposée ; mais, comme nous n'avons pas la prétention d'imposer notre foi politique à nos concitoyens, le seul moyen de connaître ce que la France veut est de l'interroger et de l'inviter à se prononcer, *une fois pour toutes*, par un quadruple plébisciste, sur le mode de gouvernement qui lui convient le mieux.

Qu'y a-t-il donc à objecter à un quadruple plébiscite, et que prétendent les adversaires du vote plébiscitaire ?

Il importe de les diviser en ceux qui ne veulent raisonner que d'après leurs notions d'un plébiscite restreint, et en ceux qui soulèvent des difficultés imaginaires à l'exclusion d'une épreuve quadruple qu'ils croient impossible, et dont ils redoutent les résultats, parce qu'ils ne veulent pas se détacher des rancunes de partis pour étudier la situation telle qu'elle doit nécessairement se présenter.

C'est aux affirmations des uns et des autres que nous voulons répliquer aussi brièvement que possible.

*
* *

RÉPONSE A LA PREMIÈRE OBJECTION.

Un journal étranger a publié les lignes suivantes, qui ont eu un retentissement considérable en Europe :

« Mauvaise copie des usages de l'ancienne Rome, les plébiscites napoléoniens n'ont été recherchés que pour absoudre ou consacrer un fait accompli, mais jamais pour prévoir la solution d'une question constitutionnelle. »

Cela est vrai ; mais quel rapport y a-t-il entre les événements de 1804, 1851 et de 1870, et l'abîme insondable où nous sommes ? Avons-nous jamais été aussi désunis ? Non.—Et puis, est-ce d'un plébiscite dans le genre de ceux qui ont si malheureusement été mis en pratique qu'il s'agit aujourd'hui ? Le

Times sait bien que non! — Alors, la comparaison n'étant pas admissible, on doit l'écarter. Et, d'ailleurs, il faut faire plus que de forcer le raisonnement pour arriver à dire que l'élection à la présidence pour trois ans de Louis-Napoléon a été la consécration d'un fait accompli; car si ce fait accompli existait, c'était bien plus du côté du général Cavaignac, alors chef du pouvoir exécutif, que de la part du Prince, alors simple représentant du peuple à l'Assemblée nationale. Or, loin d'être consacré, ce fait accompli a reçu un éclatant démenti, puisque l'immense majorité des électeurs s'est prononcée pour Bonaparte.

En tout cas, pourquoi la République, cette République qui a cherché, sans les trouver, son excuse et sa base dans le suffrage universel direct, pourquoi veut-elle donc se créer un monopole gouvernemental en brûlant aujourd'hui ce qu'elle encensait hier, et en s'infligeant un éclatant démenti?

*
* *

RÉPONSE A LA DEUXIÈME OBJECTION.

Le second argument que nous relevons dans les théories exposées par les publicistes qui ne connaissent que les plébiscites restreints consiste à démontrer que, jusqu'à ce jour, les plébiscites n'ont été qu'une alternative entre le régime impérial et la révolution.

Nous répondrons par une question bien simple. Parce que le droit nouveau n'a pas été appliqué dans toute son étendue, s'ensuit-il qu'il faille le nier?

Oui, l'appel au peuple, tel qu'il a été mis en pratique par les Napoléons, *n'a été qu'un perfectionnement* au système qui consistait à réunir 221 députés et à recevoir de leurs mains une couronne que le pays n'avait pas été invité à décerner.

Nous l'accordons à nos adversaires, les plébiscites napoléoniens ont été la cause même de la chute de l'Empire, parce qu'ils n'étaient que la consécration d'un révolutionnaire heureux, qui avait rendu des services au pays, consécration dangereuse, parce que, de la part des électeurs, elle contenait des réticences, des sous-entendus, parce qu'elle était partielle, et qu'elle ne se prononçait qu'entre deux extrêmes. En 1851, légitimistes, républicains modérés et un certain nombre de conservateurs indécis n'ont donné leurs voix au Prince-Président que dans l'espoir de pouvoir mettre à profit la présidence pour la culbuter et faire triompher leurs partis. De même, en 1870. en votant pour l'Empire constitutionnel, les adversaires de l'Empire se réservaient d'employer toutes leurs manœuvres à renverser, en faveur de leurs opinions, la forme gouvernementale qu'ils paraissaient acclamer et à pouvoir dire un jour : « Bonapartiste, nous ! nous ne l'avons jamais été. On nous a demandé de choisir entre des canons qui devaient nous protéger et les canons que l'émeute dirigerait contre nous ; nous avons choisi les canons protecteurs, mais nous n'avons pas eu d'opinion gouvernementale à émettre, puisque nous n'avons pas été interrogés sur la question de savoir qui nous préférions, de Napoléon III, du comte de Chambord, du comte de Paris ou de la République. »

Personne aujourd'hui ne songe à contester cette vérité, qui a été fatale à différents points de vue, et qui ne peut disparaître que si vous donnez au plébiscite toute la majesté et toute la latitude qui lui appartiennent ; alors vous obtiendrez un gouvernement fort, parce qu'il personnifiera RÉELLEMENT, INDISCUTABLEMENT, MATHÉMATIQUEMENT, un peuple.

Mais il ne faut pas d'exclusion : chercher à effacer un parti en l'écartant de l'urne plébiscitaire, c'est décupler les forces de ce parti et diminuer d'autant les vôtres ; voilà ce que certains publicistes ne semblent pas avoir compris, puisqu'ils contiuuent à offrir comme solution un triple plébiscite : Bonaparte ? — Bourbons ? — République ?

Quel Bourbon ? La fusion n'est pas un acte politique, ce n'est qu'un pacte de famille, il y a entre les deux branches toute la différence d'un drapeau. C'est même beaucoup plus qu'une différence, c'est un abîme. Le jour où la question de drapeau a été agitée, la séparation politique a été tellement violente que la restauration de la monarchie fusionnée est devenue une impossibilité. Il y a toujours des orléanistes qui s'en tiennent à la légende de 1830, et malgré cette fusion, qui est d'ailleurs un acte personnel du comte de Paris, un jour pourrait venir où cette démarche serait désavouée. La branche cadette— on peut en être certain—ne manquerait pas de déclarer plus tard qu'elle a été éliminée, ce qui lui fournirait un prétexte à révolution. Le quadruple plébiscite n'aurait-il que l'avantage de rompre cette dangereuse équivoque et de faire jaillir la lumière, que ce serait déjà un résultat précieux pour le pays. L'orléanisme a été une forme gouvernementale reconnue en France, et, à ce titre, nous avons le droit de savoir quelle est sa force, pour le cas où il existerait encore, ou qu'elle est la réalité de son abnégation s'il est vrai qu'il a abdiqué non-seulement son passé, mais encore ses espérances dans l'accolade de Frohsdorff.

Les bonapartistes en se rangeant à la quadruple épreuve ont, par la voix du Prince-Impérial à Chislehurst, nettement délaré qu'ils reconnaissaient et les imperfections des plébiscites de Napoléon III et l'absolue nécessité d'admettre les autres prétendants devant l'urne plébiscitaire. Cette déclaration du fils de Napoléon III est d'autant plus précieuse que les bonapartistes risquent beaucoup dans cette lutte solennelle contre leurs concurrents, surtout contre les républicains, et qu'il leur serait infiniment plus simple de se prévaloir du dernier plébiscite napoléonien, mais ils ont eu assez de patriotisme pour être les premiers à solliciter cette épreuve que les républicains n'acceptent qu'avec répugnance, que le parlementarisme des orléanistes dédaigne et que la tradition des légitimistes repousse.

*
* *

RÉPONSE A LA TROISIÈME OBJECTION.

Un des arguments les plus fréquemment employés contre le quadruple plébiscite est que le peuple est fatigué d'user de sa prérogative. On s'effraie des abstentions, de ces 2 millions et demi d'abstentions de 1876. C'est, nous dit-on, la faute des conservateurs si les mouvements électoraux finissent toujours au profit des radicaux. Erreur profonde, car le secret de cette prétendue léthargie politique se trouve dans la condition même du pays, condition qui laisse tout en suspens. Il s'agit bien vraiment pour nous de toutes ces questions de second ordre. Se déranger pour nommer qui? Des députés. Il y a bien quelque intérêt, nous n'en disconvenons pas, dans le choix des représentants; cependant, comparez cet intérêt à celui qui s'attache à la vraie, à la seule question vitale : l'élection, non pas de députés plus ou moins connus, plus ou moins fidèles à leur principe ou à leur mandat et nommés sous l'égide d'une Constitution révisable, mais l'élection du gouvernement définitif de la France, et dites-nous franchement s'il est bien étonnant qu'on s'abstienne pour ce qui ne conclut rien.

Ah! vous parlez d'indifférence, mais lorsqu'il va s'agir de décider entre l'Empire, la Légitimité, l'Orléanisme et la République, cette prétendue apathie disparaîtra, soyez en sûrs, pour faire place à une activité sans précédents. Comprenant, en effet, que la question est vitale pour la France, flattés peut-être aussi d'être appelés à exercer pour le première fois leur souveraineté dans toute sa plénitude, heureux d'en finir avec le chaos, et guidés par le simple bon sens, ce gros bon sens qui ne se trompe jamais, les électeurs se montreront à la hauteur des circonstances, et tant à cause de la nouveauté que, par patriotisme, ils feront preuve d'une spontanéité et d'un élan qui fourniront la preuve irréfragable de la régénération du nom français.

Les abstentions passées et même celles qui, sans aucun doute, se produiront encore en 1877, n'ont donc rien qui puisse nous surprendre ; elles s'expliquent par la situation incomplète de la France. Rendez cette situation palpitante, parce qu'elle sera décisive, et il n'y aura alors aucun abstentionniste.

*
* *

RÉPONSE A LA QUATRIÈME OBJECTION.

D'autres écrivains insistent sur les dangers inévitables créés par la corruption et la surprise.

Comment n'ont-ils pas compris que l'une et l'autre deviennent impossibles lorsque quatre partis se surveillent et se disputent la palme sous les regards du peuple ? Voyons, que s'est-il passé en 1851 ? Le général Cavaignac n'était-il pas soutenu, et le mot est bien faible, par la Constituante ? N'a-t-on pas retardé le départ de la poste en faveur du général, et néamoins les populations n'ont-elles pas élu le prince Louis-Napoléon ? Double réplique, et à ceux qui s'imaginent que la corruption peut toujours réussir à faire dévier le courant de l'opinion publique, et à ceux qui soutiennent que le parlementarisme représente véritablement le pays.

Eh bien ! si, même à l'occasion du plébiscite partiel, la corruption et la surprise ont été tenues en échec par la volonté du peuple, comment peut-on affirmer qu'elles seraient possibles dans un débat solennellement contradictoire ?

Examinons d'ailleurs la situation qui va se produire.

Il est bien évident que le quadruple plébiscite ne peut pas être proposé du jour au lendemain à la France ; il sera nécessairement précédé d'une période électorale, qui ne devra être ni trop brève, ni trop longue ; supposons qu'elle soit de quinze jours. Pendant ce laps de temps, les citoyens seront mis à même de juger, de supputer, de peser le pour et le contre des quatre différents systèmes. Réunions publiques, articles de journaux, formation de comités électoraux ; des professions de foi, des discours, tout doit être mis en œuvre pour guider l'opinion publique. Et, que nous importe que, dans ce grand mouvement, les républicains de toutes nuances emploient toutes leurs tactiques ordinaires dans l'espoir de faire triompher leurs principes, puisqu'il y aura trois autres partis pour répondre et pour se défendre ! L'agitation plébiscitaire se répand dans tous les départements. Sera-t-elle dangereuse ? Non ; car elle ne peut être admise qu'à une condition essentielle, c'est qu'on prenne des mesures pour qu'elle ne soit souillée d'aucune attaque à main armée.

*
* *

RÉPONSE A LA CINQUIÈME OBJECTION.

« C'est impossible s'écrient les journaux antipathiques aux plébiscites ; vous allumerez la guerre civile aux quatre coins de la France ! »

C'est ici que nous réclamons plus particulièrement la bienveillante attention du lecteur. Si nous examinons le fait brutal d'une rixe ou d'une tentative insurrectionnelle, nous soutenons qu'il ne dépend que du Maréchal de Mac-Mahon de l'écarter. Il doit, en effet, être le gardien de l'épreuve plébiscitaire, et employer les forces dont il dispose à faire respecter la liberté électorale dans ses limites les plus étendues.

« Mais l'armée, nous dit-on, croyez-vous qu'elle restera impassible devant l'urne plébiscitaire? En supposant même que les soldats soient disposés à servir le pays et non pas un parti à l'exclusion des autres, pensez-vous que les colonels et les généraux ne jetteront pas leurs épées dans les plateaux de cette quadruple balance ? »

Oui, si vous voulez continuer une erreur du second Empire, oui, si vous accordez aux soldats le droit de voter ; mais non, si vous le leur retirez. Un soldat n'est que l'instrument armé de la loi à laquelle il obéit ; ce n'est pas une tête, c'est un bras. Que ce soldat soit le plus humble défenseur de la patrie, ou le plus célèbre des maréchaux de France, on ne doit pas lui retirer son caractère exclusivement militaire, *tant qu'il est en activité de service.*

Il est d'ailleurs impossible d'admettre que l'armée participe à un plébiscite, lorsqu'il est quadruple. Tout, en effet, est en l'état. Le pays ne s'est pas encore prononcé entre les quatre candidatures. Quelle est la loi suprême ? C'est le respect pour l'expression de la volonté populaire. Quel est le devoir de l'armée ? Aujourd'hui, c'est le maintien de ce respect ; demain ce sera la soumission aveugle à celui des quatre systèmes qui aura triomphé.

Quant à l'intervention toujours regrettable de la force armée, sera-t-elle nécessaire ? Certes, nous n'avons pas la prétention de soutenir que tout se passera dans une quiétude surhumaine ; il y aura sur quelques points des manifestations ou des tentatives plus ou moins bruyantes ; mais, en réalité, cette agitation ne sera pas aussi terrible qu'on veut bien la dépeindre. Cette épreuve loyale, désintéressée, en imposera aux plus turbulents, car pour nous servir d'une expression empruntée au Prince impérial. « Le plébiscite c'est le droit, » et le droit c'est la force dominatrice comme la vérité, et la vérité c'est la loi, devant laquelle le peuple s'inclinera bien plus profondément que devant les baïonnettes.

Hier, en effet, tout était confusion, aujourd'hui tout est lumière : au souffle libéral qui animera le conteste, les comparaisons se produiront, et avec elles la réflexion saine, vigoureuse, qui fera tomber bien des préjugés et dissipera bien des appréciations hâtives. On saura enfin ce qu'on offre, ce qu'on rejette et ce qu'on accepte, et il sera vrai de dire qu'on aura compté les pulsations de chacun des prétendants au pouvoir. Dans ces conditions, nous n'éprouvons aucune alarme pour les résultats du mouvement que nous venons de décrire, et dont nous avons la conscience de ne pas avoir méjugé la portée.

*
* *

RÉPONSE A LA SIXIÈME OBJECTION.

Voici encore un argument qu'on emploie contre nous. On déclare qu'il y a deux Républiques, comme il y a deux Empires, et que, conséquemment, il faudrait demander aux électeurs s'ils veulent la République modérée, de même s'ils entendent voter pour l'Empire autoritaire ou pour l'Empire constitutionnel.

Il n'y a qu'une République, comme il n'y a qu'un Empire : la seule République que nous connaissons est celle qui a, trois fois en quatre-vingts ans, cherché à s'établir, sans avoir réussi à se faire prendre au sérieux, parce qu'elle n'a jamais montré la moindre aptitude à maintenir l'ordre dans le pays. Retirez-lui la tutelle du duc de Magenta et nous tombons dans le chaos ; cela ne fait pas le moindre doute. Prenez M. Jules Grévy ou M. Jules Simon, des républicains ceux-là, cependant, et vous annihilez la République n° 3. Pourquoi cela ? parce que demain ils seront renversés par M. Gambetta, qui, à son tour, sera jeté à la porte par ses amis d'autrefois, ses maîtres aujourd'hui.

Quant à la Commune, quant au socialisme, nous ne pouvons vraiment pas les admettre à concourir avec les quatre systèmes inscrits sur le bulletin de vote du quadruple plébiscite. Pour décider, en effet, entre plusieurs formes gouvermentales, *il importe, avant tout, que le peuple puisse les comparer les unes avec les autres ;* or, il ne peut juger que ce qui a déjà fait ses preuves, c'est-à-dire les différents régimes qui ont réellement dirigé les destinées de la France. La Commune et le Socialisme, ne s'étant révélés que par des ruines et des assassinats, il est impossible de prétendre que, même pendant vingt-quatre heures, l'Hôtel-de-Ville ait gouverné le Paris de 1871. — Donc, la Commune et le Socialisme n'existent, pour le moment, qu'à l'état de forfaits politiques.

Plus tard, ne se modifieront-ils pas ? Et ne pourront-ils pas, eux-aussi, se transformer ? C'est ce qui appartient à l'avenir ; c'est ce qui pourra résulter de l'examen attentif des grandes questions sociales soit par la presse, soit par l'administration, soit par les pouvoirs législatifs; mais nous n'avons pas à nous occuper des gouvernements de l'avenir ; c'est bien assez de nous prononcer entre les gouvernements du passé, et de mettre à profit, les diverses expériences que nous avons été appelés à en faire.

Il y a d'ailleurs une certaine ligne que le raisonnement ne doit jamais dépasser ; et en admettant même que la Commune ait existé, de fait, dans Paris, on ne peut pas plus soutenir qu'elle ait été un gouvernement, qu'on ne peut considérer la polygamie des Mormons comme une religion.

Passons maintenant à l'Empire :

Que vient-on nous parler de distinctions à faire entre l'Empire autoritaire et l'Empire libéral? Il est hors de doute que, par cela même qu'il aurait affronté le quadruple plébiscite, il renoncerait au despotisme dont il n'aurait plus besoin, puisqu'il n'aurait plus d'antagonisme voilé ou violent à redouter.

Pourquoi, en effet, l'Empire a-t-il été tout d'abord autoritaire? Parce qu'il était un parti vainqueur, qui avait à lutter contre des concurrents vaincus, mais cependant assez forts pour reparaître au bout de quelques années.

Pourquoi est-il devenu ensuite constitutionnel? Parce que, depuis 1853, et notamment depuis 1866, ces partis ont grandi, et que, par leur turbulence même, ils ont forcé l'Empereur Napoléon III à recourir au système parlementaire.

Pourquoi cet essai n'a-t-il produit que d'épouvantables désastres ? Parce que, même en 1870, l'Empire n'était toujours qu'un parti convaincu d'avoir écarté les autres partis, ses concurrents, de l'urne plébiscitaire.

Ce sont présisément ces causes et ces conséquences que le quadruple plébiscite doit effacer en tuant l'esprit de parti.

Quant à un programme net, distinct, il faudra bien que, tout comme ses rivaux, l'Empire le trace sans détours ; autrement, il succombera dans la lutte, et sa défaite sera d'autant plus irréparable qu'il aura eu moins de franchise à exposer ses plans de gouvernementation.

On ne saurait trop insister sur les explications catégoriques que les concurrents devront donner à la nation préalablement au quadruple plébiscite. C'est là que doivent résider toutes les garanties de loyauté indispensables.

Il ne faut pas les chercher ailleurs.

*
* *

RÉPONSE A LA SEPTIÈME OBJECTION.

« Ce sera toujours à recommencer, » nous dit-on. « Le pre-
» mier aventurier venu pourra d'un instant à l'autre provoquer
» une épreuve plébiscitaire en ajoutant sa personnalité aux
» autres formes du gouvernement. » A cette argumentation
nous répondons qu'il ne faut pas jouer sur les mots.

Il ne s'agit pas, en effet, de pouvoir procéder ultérieurement
à des additions ou à des substitutions plébiscitaires ; ce ne serait
plus que de la fantaisie politique. Nous avons eu quatre formes
de gouvernement en France, nous choissons celle qui nous est
la plus sympathique ; c'est un mariage sans divorce : aller au
delà serait se moquer du suffrage universel et du principe du
droit nouveau.

C'est, d'ailleurs, ce que nous n'avons cessé de répéter aux
amis de certains souverains étrangers, qui s'effrayaient de voir
s'établir en Europe la doctrine d'une succession d'épreuves plébiscitaires sans fin, entraînant des bouleversements dynastiques,
et nous sommes heureux de constater qu'aujourd'hui le principe du quadruple plébiscite est parfaitement accueilli dans
toutes les chancelleries.

*
* *

CONCLUSION.

Nous avons passé en revue les sept objections que nous avons
entendu soulever contre le quadruple plébiscite. Notre tâche
s'arrête là : nous n'avons pas à anticiper sur l'avenir ; mais en
terminant, nous voulons esquisser la situation de la France au
lendemain de la solennelle épreuve.

Le peuple s'est prononcé. Personnifiant réellement la France,
le gouvernement sorti vainqueur de l'urne plébiscitaire n'aura
plus à craindre les manœuvres des minorités, condamnées elles-
mêmes par l'insuffisance incontestablement établie des votes
qu'elles auront obtenus. Deviennent-elles remuantes, ce gouvernement, non plus au nom d'un parti, mais au nom du peuple
français tout entier, aura le droit de sévir, et de sévir impi-
toyablement, car ce ne sera plus la réaction, ce sera la justice.
Alors l'homogénéité et l'unité françaises se reconstituent, le
commerce et l'industrie renaissent, les intrigues sont foulées aux
pieds, et le patriotisme n'est plus un vain mot. C'est la FRANCE
NOUVELLE qui surgit et qui se développe.

Le droit nouveau s'affirme et la maxime « tout pour
le peuple et par le peuple » devient une réalité.

Eh bien ! C'est ce gouverne   t-là que tout Français devra
servir.

U CONSERVATE INDÉPENDANT.